Der Mann, der Glück verschenken wollte

Inspirierende buddhistische Geschichten über Glück, Zufriedenheit und Selbstliebe

Shiva Singh

ISBN Taschenbuch: 9798710344255

ISBN Hardcover: 9798710197646

Mandelun GmbH
Hindenburgstraße 26
Erlangen, 91054

Verkauf und Druck: Amazon Media EU S.à r.l., 5 Rue Plaetis, L- 2338, Luxembourg

Bibliografische Information der Deutschen Nationalbibliothek: Die Deutsche Nationalbibliothek verzeichnet diese Publikation in der Deutschen Nationalbibliografie; detaillierte bibliografische Daten sind im Internet über http://dnb.dnb.de abrufbar.

Inhaltsverzeichnis

Vorwort

Buddhistische Geschichten haben mich von klein auf begleitet und waren ein wesentlicher Eckpfeiler meiner Erziehung. Meine Mutter ist gebürtige Singhalesin und legte schon immer großen Wert auf die Lehren und Weisheiten dieser Erzählungen. Mich haben sie viel über das Leben gelehrt und erinnern mich auch heute noch regelmäßig daran, mich auf mich und mein Wesen zu konzentrieren, um zu erkennen, was wirklich wichtig ist.

In einer immer schnelllebigeren Welt, geprägt von Gesellschaften mit stetig wachsendem Leistungsdruck, ist es für unser Wohlbefinden das Beste, auch mal einen Schritt zurückzumachen und sich zu fragen, was man eigentlich vom Leben erwartet und was einen wirklich glücklich macht.

Diese Selbstreflexion geht in unserem oft hektischen Alltag leider allzu oft unter. Erwartungshaltungen von außerhalb, sei es

von Kollegen, dem Arbeitgeber oder anderen Mitmenschen, versperren uns in vielen Situationen den Blick auf das große Ganze.
Die Geschichten in diesem Buch entstammen zwar der buddhistischen Kultur, haben jedoch wenig mit der buddhistischen Religion zu tun.
Jeder Interessierte kann dieses Buch unabhängig von seiner eigenen Religion mit offenem Herzen lesen und darin wegweisende Weisheiten finden. Daher ermutige ich stets auch Angehörige anderer Religionen oder Lebensstile, sich mit diesem Buch und seinen Werten auseinanderzusetzen.
Die Geschichten, auf denen dieses Buch aufbaut, unterscheiden sich nicht nur inhaltlich, sondern auch in ihrer Struktur und Schreibweise von den Geschichten und Erzählungen der westlichen Welt. So wird es dem Leser ermöglicht, die alte Welt mit neuen Augen zu sehen. Und daher

festzustellen, dass Werte wie Glück und Zufriedenheit durch diese „neuen Augen" plötzlich anders aussehen als gewohnt. Sie bekommen eine neue Bedeutung und können unser Bewusstsein im besten Fall positiv beeinflussen.

Nicht alle Geschichten aus diesem Buch stammen aus Sri Lanka selbst. Einige von ihnen entstammen dem Zen-Buddhismus, der eine Richtung des Mahayana-Buddhismus ist und seine Wurzeln im China des 5. Jahrhunderts hat. Fast 70 % der Gesamtbevölkerung Sri Lankas sind hingegen dem Theravada-Buddhismus zugehörig.

Die einzelnen Geschichten aus den verschiedenen Richtungen des Buddhismus sind daher nicht zuletzt auch wegen der unterschiedlichen Kulturen des jeweiligen Landes anders. Dennoch, oder vielleicht auch gerade deswegen habe ich mich dazu entschieden, keine Trennung nach der

Herkunft der Geschichten vorzunehmen, sondern alle Geschichten, die mich inspiriert haben, in dieses Buch aufzunehmen - unabhängig davon, welcher Form des Buddhismus sie angehören. Denn der Sinn dieses Buches ist es nicht, die Geschichten einer speziellen Richtung des Buddhismus zu erzählen, sondern vor allem Dir als Leser Weisheiten mit auf den Weg zu geben und Erkenntnisse zu ermöglichen.

Ich wünsche mir von ganzem Herzen, dass diese Erzählungen zumindest einem Menschen eine neue Perspektive vermitteln und etwas Neues mit auf den Lebensweg geben können. Ich habe viel und oft an diese Geschichten gedacht und hoffe, dass sie dich genauso inspirieren, wie sie mich inspiriert haben. Viel Spaß beim Lesen!

Der alte Mann und das Pferd

Eine Geschichte über Vorurteile

Einst lebte in einem Dorf ein alter Mann. Er besaß nicht viel, nur ein Pferd. Dieses Pferd war allerdings von solcher Schönheit, dass es reiche Menschen von überallher und sogar Könige begehrten. Der Mann aber verkaufte sein Pferd nicht, egal wer ihm welche Summe dafür bot.

Eines Tages allerdings bemerkte der Mann, dass sein Pferd nicht mehr im Stall war. Das ganze Dorf erfuhr schnell von dem verschwundenen Pferd und besuchte den Mann, um sein Mitgefühl auszudrücken:

„Oh du Unglücklicher, hattest ein so tolles Pferd und nun hast du weder Pferd noch Geld. Hättest du doch einfach dein Pferd verkauft und dir das Geld genommen. So dumm wie du warst, hast du jetzt nichts."

Als der alte Mann diese Worte hörte, lachte er nur herzlichst und entgegnete ihnen: „Seid doch nicht so unsinnig! Das Einzige, was wir wissen, ist, dass das Pferd aus dem Stall verschwunden ist. Nur die Zukunft wird uns sagen können, was das Verschwinden für eine Folge hat. Zur Zeit können wir das nämlich nicht wissen".

Der alte Mann fuhr sodann mit seinem Tagwerk fort und lebte sein Leben. Einige Tage später allerdings konnte er sein Pferd wieder im Stall hören. Als er nachschauen ging, sah er, wie sein Pferd mit vielen anderen Pferden aus dem Wald zurückgekehrt war. Nun hatte er nicht nur ein Pferd, sondern eine ganze Herde.

Wieder sprach sich dies schnell im Dorf herum und wieder kamen alle zu dem alten Mann, um ihm zu diesem Ereignis Glück zu wünschen. Sie sagten: „Unfassbar, das Pferd ist mit einer Herde schöner Pferde zurückgekehrt. Nun kann er noch viel mehr Pferde verkaufen und so reicher werden als alle."

Dem alten Mann gegenüber äußerten sie sich deshalb so: „Ach, das tut uns sehr leid! Wenn wir das doch gewusst hätten. Aber wir sind nun mal nicht in der Lage, in die Zukunft zu sehen. Daher konnten wir mit einem solchen Ausgang nicht rechnen. Möglicherweise hast du ja die Fähigkeit, in die Zukunft zu sehen.“ „Seid doch nicht so unsinnig!“, äußerte der alte Mann darauf und lachte. „Das Einzige, was ich weiß, ist, dass das Pferd nach einigen Tagen mit weiteren Pferden seiner Art wieder zurückgekehrt ist. Allerdings weiß ich nicht, was morgen passieren wird.“

Wenige Tage später entschied sich der Sohn, auf den Pferden zu reiten. Die Pferde, die das Reiten noch nicht gewohnt waren, reagierten jedoch bockig, als der Sohn versuchte sie zu reiten. Dabei fiel der Sohn von einem Pferd und brach sich ein Bein. Seine Verletzung war so schwerwiegend, dass er nicht mehr laufen konnte.

Wieder erfuhr das Dorf von dem Geschehnis und machte sich auf dem Weg zum alten

Mann, um ihm sein Mitgefühl und Bedauern zu äußern:

„Du hast von Anfang an Recht behalten. Man weiß nie vorher, was ein Ereignis für einen bedeutet. Die Pferde sind zwar zahlreich bei dir erschienen. Allerdings hast du nun einen Sohn, der vielleicht sein ganzes Leben lang nicht mehr laufen kann. Die Pferde haben dir letztlich also unglaublich viel Unglück ins Leben gebracht. Wären die Pferde doch nie zu dir gekommen."

Der alte Mann erwiderte darauf nur abermals: „Schon wieder seid ihr voreilig. Wir wissen noch nicht, was die Zukunft uns bringt. Das Einzige, was wir derzeit wissen, ist, dass mein Sohn sein Bein gebrochen hat, weil er vom Pferd fiel. Mehr wissen wir nicht und können wir auch nicht wissen."

Einige Zeit später entbrannte ein Krieg, in den ihr Land verwickelt war. Daher wurden alle Männer des Landes und damit auch alle Männer im Dorf von dem Staat als Soldaten benötigt. Der Sohn des alten Mannes allerdings wurde nicht mitgenommen und im Dorf gelassen, weil er durch seine Verletzung nicht mehr fähig war im Krieg mitzukämpfen.

Schnell gingen alle Dorfbewohner zum alten Mann und schimpften: „Alle unsere Söhne wurden mitgenommen und müssen nun im Krieg kämpfen. Du allerdings hast deinen Sohn noch bei dir. Der Feind mag viel stärker sein als wir! Wer weiß, wie viele lebend zurückkommen. Nun stehen wir hier alleine ohne unsere Söhne, die uns im Alter versorgen und pflegen. Du als Einziger hast noch deinen Sohn, der gewiss wieder laufen wird.“

Auch hier erwiderte der alte Mann nur: „Nein, so ist es nicht. Wir wissen nur eine Sache, und zwar, dass eure Söhne fort sind und mein Sohn bei mir zuhause. Was danach geschieht, das wissen wir nicht.“

Wir Menschen finden uns regelmäßig in Situationen wieder, in denen wir auf Erfahrungen und Eindrücke aus der Vergangenheit zurückgreifen, um die aktuelle Situation vorschnell einzuschätzen. Dieser Urinstinkt der Vorurteilsbegründung dient einem gewissen Selbstschutz des Menschen. In Früheren Zeiten waren diese vorurteilsbelasteten Einschätzungen einer Situation oft überlebenswichtig. Eine Fehleinschätzung bedeutete nicht selten schweren Schaden.

In der heutigen Zeit sind wir in den allermeisten Situationen nicht mehr schweren Schäden durch Fehleinschätzungen ausgesetzt. Aber die Beurteilung einer Situation, basierend auf bestehenden Vorurteilen, kann uns zumindest vor Enttäuschungen, Trauer u. ä. Schmerz bewahren. Erfahrungen und Vorurteile bieten uns Halt in unbekannten Situationen. Wir glauben zu wissen, was uns im

Unbekannten erwartet und versuchen so unsere Angstgefühle zu unterdrücken.
Allerdings bietet dieser Selbstschutz nicht nur Vorteile, sondern kann uns in unserem Handeln und Erleben auch einschränken. Da wir das in der Vergangenheit gesammelte Wissen nicht loslassen können, haben wir zwangsläufig den Hang dazu, unsere Erlebnisse in Schubladen zu packen. Dieser unterbewusste Automatismus macht es uns unglaublich schwer, von unseren alten Verhaltensmustern abzuweichen, auszubrechen und neue zu bilden. So sehr wir es auch versuchen, können wir nicht zum Selbstschutz in Schubladen denken und gleichzeitig offen für Neues sein.
In der buddhistischen Geschichte denken alle Dorfbewohner, das Pferd käme nicht wieder zu seinem Besitzer zurück. Sie bemitleiden den alten Mann und sehen nur die Vergangenheit (das viele Geld, das er hätte haben können) und schließen daraus auf sein

Schicksal und seine Zukunft. Der alte Mann hingegen lässt die Vergangenheit und das vermeintlich viele Geld, das er verloren hat, ruhen und sorgt sich nicht über die Zukunft. Stattdessen blickt er nur auf das Hier und Jetzt und die tatsächliche Situation. So findet er sein Glück im Jetzt und lässt sich nicht von Werten der Vergangenheit leiten.

Unser Hang zu vorurteilsbelasteten Bewertungen führt dazu, dass wir binnen Sekunden die Folgen einer Situation für unsere Zukunft oder die Zukunft unserer Mitmenschen ziehen. Wir verbinden die Vergangenheit und die Zukunft und verpassen es so im Jetzt zu leben. Ein Handeln, das uns daran hindert glücklich zu sein. Denn die Angst vor der Zukunft übermannt jedes Gefühl von Glück, Freiheit und Offenheit.

Natürlich geht es nicht darum, deine Vorurteile vollständig abzulegen – das können wir auch nicht vollkommen erreichen. Was Du aber machen kannst, ist, dich regelmäßig daran zu erinnern, dass wir uns nicht dauerhaft über die Zukunft sorgen sollten, auch wenn wir die Erfahrung gemacht haben, dass es Situationen gibt, die schmerzhaft für uns enden können. Es geht darum, in solchen Momenten loszulassen und das Jetzt zu genießen. Sobald Du es schaffst, diesen Schritt öfter in deinem Leben zu gehen, wirst du merken, dass Du ein Gefühl von Zufriedenheit erreichst. Denn es geht nicht um die Vergangenheit und unsere Projektion auf das Morgen, sondern um das Jetzt und das Leben in diesem Moment. Und dieser Moment ist gut - so wie er ist.

„Niemals in der Welt hört Hass durch Hass auf. Hass hört durch Liebe auf.“

Der Fischer und der Investmentbanker

Eine Geschichte über das Glücklichsein

Ein Fischer saß am Strand, während er Fische angelte. Es war noch sehr früh am Tag und ihm war es bereits gelungen, mehrere Fische zu fangen, und weil er damit schon zufrieden war, packte er seine Sachen, um mit seinem Boot nachhause zu fahren. Ein junger Mann, ein Investmentbanker, sah den Fischer, wie er zusammenpackte und lief mit folg-enden Worten zu ihm hin: „Warum packen Sie denn schon ein? Es ist noch früh, Sie können noch mehr Fische fangen!"

Der Fischer erwiderte: „Klar könnte ich das machen. Aber ich habe heute noch einiges Schönes vor. Erst will ich mit meiner Familie Zeit verbringen. Danach möchte ich mit meinen Freunden zusammen Musik hören und Wein dabei trinken. Und am Ende des Tages will ich alleine den Tag genießen, indem ich mich hinsetze und die Welt um mich herum wahrnehme."

Der Investmentbanker schmunzelte und sagte zu dem Fischer: „Na ja, ich sag Ihnen mal, was Sie jetzt am besten tun, um das Leben zu genießen. Arbeiten Sie jeden Tag ein paar Stunden mehr, um mehr Fische zu angeln. Die Fische können Sie dann gegen Geld tauschen, welches Sie ansparen, und mit dem Geld können Sie sich ein größeres Boot kaufen. Mit dem größeren Boot werden sie in der Lage sein, viel mehr Fische zu fangen. Diese Fische verkaufen sie dann an einen Großhändler, sodass Sie viel mehr Gewinn machen. Dann kaufen Sie sich mit diesem Geld eine eigene Fabrik und gehen an die Börse. Später können sie Ihre Aktien verkaufen und werden Millionär. Als Millionär können sie dann glücklich das Leben genießen."

Der Fischer äußerte sich gegenüber dem Investmentbanker mit nur einer Frage: „Wie lange würde das ungefähr dauern?". Der junge Mann antwortete: „Etwa zwanzig Jahre könnten Sie mit Glück dazu benötigen."

Als Nächstes fragte der Fischer: „Und was passiert danach? Was passiert, nachdem ich meine Fabrik verkauft habe?“. Der junge Mann erwiderte etwas verwirrt „Na ja, dann können Sie die Zeit mit Ihrer Familie genießen. Sie können sich mit ihren Freunden treffen, an Wein und Musik erfreuen und am Abend alleine sein. Zusätzlich können sie sogar noch ein paare Fische angeln.“
Da lachte der Fischer wohlwollend und sagte: „Aber das ist doch das, was ich bereits tue!“

Unsere Gesellschaft ist durch ein klares Leistungsdenken geprägt und formt so auch unsere Leitbilder und Zielvorgaben. Von klein auf scheint unser Werdegang in, von der Gesellschaft vorgezeichneten Bahnen, zu verlaufen. Und nur an dem Erreichen der Ziele, die auf diesen Bahnen liegen, wird unser eigener Wert für die Gesellschaft bemessen. Dadurch verlieren wir uns in einem Leitbild, geprägt von Leistung und Erfolg. Weil wir glauben, dass uns der Erfolg am Ende glücklich macht.

Vielleicht sollten wir jedoch den Gedanken wagen, ob der Erfolg wirklich uns glücklich macht oder die Gesellschaft. Der beste Schüler, Student oder Arbeitnehmer erhält die größte Anerkennung, bessere Möglichkeiten und somit den größeren Erfolg. Wenn wir diese Laufbahn betrachten, ist es also nicht überraschend, dass wir vom Leistungsgedanken geprägt sind und uns möglichst viel Erfolg wünschen, um glücklich zu sein. Doch wie bereits angedeutet, sollten wir uns hier die Frage stellen, was eigentlich Erfolg ist und für wen dieser Erfolg am Ende auch wirklich Erfolg bedeutet?

Denn letzten Endes scheint Erfolg in diesem Fall nur eine Kombination aus möglichst viel Geld, Anerkennung und einem gesellschaftlichen Status zu sein.

Aber warum haben wir so einen hartnäckigen Drang nach Erfolg? Wer die Antwort auf diese Frage sucht, findet meist nur eine einfache, wie auch paradoxe Antwort: Das Streben nach Glück – denn wer erfolgreich ist, ist schließlich auch glücklich. So zumindest die gesellschaftliche Annahme. Fragt man jedoch bei (aus der gesellschaftlichen Sichtweise) erfolgreichen Menschen nach, erkennt man, dass diese nicht definitiv behaupten können, jetzt glücklicher zu sein als früher.

Unser Problem liegt darin, dass wir so fixiert auf vermeintlichen Erfolg sind, dass wir dabei ganz vergessen glücklich zu sein. Und hier liegt das Paradoxe. Wir laufen, aber wir vergessen noch auf dem Weg, wohin. Wir glauben unser Glück zu finden, wenn wir ein gestecktes Ziel erreichen. Erkennen aber nicht, das wir dieses Ziel immer wieder ändern und verschieben. Wir hinterfragen nicht, ob unser Vorgehen und

Bestreben überhaupt zum angestrebten Glück führt. Und dadurch pushen wir uns zu immer neuen Höchstleistungen, um Ziele zu erreichen, von denen wir gar nicht wissen, ob sie uns wirklich ans Ziel bringen. Statt auch mal eine Auszeit zu nehmen und zu betrachten, was man bereits erreicht hat. Glücklich zu sein über die eigene Leistung, egal ob sie den Leistungsanspruch der Gesellschaft erfüllt. Wir vergessen glücklich zu sein, auch auf dem Weg.

Wenn wir unser Glück stets aufschieben und uns somit selbst belügen, machen wir uns unglücklich. Die Geschichte soll uns also zeigen, dass man sein Glück niemals aufschieben sollte. Auch auf dem Weg dürfen wir glücklich sein und das Erreichte wertschätzen, anstatt nur in der Zukunft zu leben und das eigene Glück auf dem immer länger werdenden Weg zu verlieren. Schau genau hin und erkenne, das Glück ist im Hier und Jetzt.

„Verweile nicht in der Vergangenheit,
träume nicht von der Zukunft.
Konzentriere dich auf den
gegenwärtigen Moment."

Achtsamkeitsübung

1

Um sich etwas besser daran zu erinnern, was du jetzt hast und was dich jetzt glücklich macht, ist eine Achtsamkeitsübung sehr hilfreich. Suche dir ein Glas oder irgendeine Art Behältnis und lege dieses neben dein Bett. Jeden Tag vor dem Schlafengehen nimmst du dir eine Minute Zeit, um dir eine Sache aufzuschreiben, die dich an dem Tag wirklich glücklich gemacht hat. Diesen Zettel faltest du zusammen und wirfst ihn in das Behältnis.
Am Ende der Woche nimmst du dir die Zeit, alle kleinen Zettelchen zu öffnen und dich an den Moment zurückzuerinnern. Dir wird schnell auffallen, wie viel Glück du erlebt hast!

Der Mond und der Wind

Eine Geschichte über das Rechthaben

Es existierten einst eine Löwe und ein Tiger. Beide waren gut miteinander befreundet und mochten sich sehr. Sie hatten sich kennengelernt, als sie noch so jung waren, dass sie ihre Unterschiede nicht sehen konnten. Daher fanden sie ihre Freundschaft überhaupt nicht ungewöhnlich.

Eines Tages hatten der Tiger und der Löwe einen gewaltigen Streit. Der Tiger sagte: „Es ist doch klar, dass es kalt wird, wenn der Mond von Vollmond zu Neumond wechselt.“

Der Löwe widersprach allerdings: „Wo hast du diesen Unsinn gehört? Jeder weiß, dass die Kälte kommt, wenn der Mond von neuem zu Vollmond wird!“

Der Streit wurde immer größer und beide wurden immer wütender. Beide waren sehr stur, sodass sich keiner von der anderen Meinung überzeugen ließ. Es ging so weit, dass sich beide schlimm beschimpften, und eine Lösung schien undenkbar zu sein.

Beide entschieden sich, dass sie sich nicht einigen konnten und jemand anderen fragen würden, der möglicherweise mehr weiß als sie beide. Denn sie wussten, dass ihre Freundschaft diesen Streit sonst nicht überstehen würde.
Sie lebten in der Nähe eines Mönchs. Dieser Mönch lebte weit weg von anderen Menschen und fühlte sich alleine im Wald wohl. Der Mönch hatte bereits viel Lebenserfahrung und kannte sich ganz sicher besser mit einer solchen Thematik aus. Um ihren Streit zu klären, gingen sie daher zu dem Mönch.
Sie besuchten den Mönch in seinem Heim und stellten ihm sofort die Frage. Sie sagten ihm auch, dass ihre Freundschaft wegen des Streits sehr litt. Der Mönch antwortete nicht direkt, sondern nahm sich einiges an Zeit, um über die Frage nachzudenken.
„Lass mich euch erst dies fragen: Wieso ist euch beiden die Antwort so wichtig?"

Sowohl der Löwe als auch der Tiger überlegten lange, was sie dem Mönch antworten sollten.
„Es ist wichtig, um zu wissen, wer Recht hat", sagte der Löwe. Der Tiger nickte.
„Und was habt ihr dann, wenn ihr Recht habt?"
Wieder mussten beide lange nachdenken. Doch dieses Mal fiel ihnen das Antworten noch schwerer.
„Man fühlt sich gut, wenn man Recht hat. Also hat man ein gutes Gefühl danach", sagte der Tiger. Der Löwe nickte.
„Wie lange hat man dieses Gefühl danach?"
„Ein paar Minuten, vielleicht sogar einen Tag lang."
„Und was hat man durch Freundschaft?", fragte der Mönch nun.
Beide konnten schnell antworten, wie toll doch ihre Freundschaft sei und wie das Leben beider durch sie bereichert wird.

„Ja wenn das so ist, wieso leidet eure Freundschaft dann unter einem Streit darüber, wer Recht hat? Eure Freundschaft ist euch sehr wertvoll und macht euch dauerhaft glücklich. Allerdings wollt ihr es tauschen gegen ein kurzfristiges Gefühl von Glück durch das Rechthaben.
Aber wisst ihr was? Gewissermaßen habt ihr beide Recht. Denn es kann letztendlich nämlich in jeder Mondphase kalt sein. Es ist der Wind, der die Kälte bringt, nicht der Mond."
Beide schauten sich an und schämten sich für ihren Streit.
Der Löwe und der Tiger dankten dem weisen Mönch und gingen zurück zu ihrem Heim. Beide waren glücklich, dass sie noch Freunde waren.

Die meisten Menschen, wenn auch nicht alle, legen großen Wert darauf, im Recht zu sein. Das bestärkt unsere Persönlichkeit und fördert das Selbstbewusstsein. Wir erfahren so eine gewisse Bestätigung und schütten Glückshormone aus. Es ist also nicht verwunderlich, dass wir daher ab und zu einfach mal recht haben wollen. Leider hat genau dieses Streben manchmal seinen Preis. Nicht selten kommt es vor, dass zwei unterschiedliche Meinungen aufeinandertreffen und man sich einfach nicht einig wird. Und so wird unser Versuch recht zu haben, schnell zu einer Belastungsprobe für eine zwischenmenschliche Beziehung.

Natürlich gibt es die Möglichkeit, die verschiedenen Meinungen hinzunehmen und zu akzeptieren. Es gibt jedoch Fälle, in denen Fakten über Recht und Unrecht entscheiden und somit nur einer der Beteiligten auch wirklich recht behalten kann. Und genau in diesen Situationen liegt das Potenzial für eine Eskalation, wenn trotz

gegebener Fakten beide auf der Korrektheit ihrer Aussage beharren.
Diese Sturheit vernebelt nur allzu oft den Blick auf das Wesentliche. So sehen wir nicht, dass wir, wie in der Geschichte, eine Freundschaft aufs Spiel setzen, nur um kurzweiliges Glück zu erfahren und unser Selbstbewusstsein kurzzeitig zu stärken. Denn egal wie tiefgründig oder wichtig die Thematik ist, am Ende verschafft uns das Gewinnen einer Debatte eben nur einen kurzen Augenblick an Glück.
Betrachten wir die Geschichte, sehen wir, das es beiden so wichtig ist im Recht zu sein, dass sie ihre Freundschaft für etwas Belangloses, wie das Verhältnis einer Mondphase auf die Kälte der Nacht aufs Spiel setzen. Doch egal wir unwichtig und nicht nachweisbar die Thematik ist, beharren trotzdem beide auf ihrer Meinung. Unbewusst setzen sie so ihr eigenes Wohl

über das Wohl und den Wert ihrer Freundschaft.

Manchmal siehst du auf den ersten Blick vielleicht nicht, worin dein wahres Glück liegt. Was dazu führen kann, dass du dich fälschlicherweise in deinem Handeln für ein kurzfristiges Glücksgefühl entscheidest. Versuche Dich in solchen Situationen daran zu erinnern, was wirklich wichtig ist und ob es nicht am Ende eigentlich egal ist, wer recht hat, wenn das große Glück doch in etwas ganz anderem liegt. Mache dir bewusst, dass es manchmal besser ist, dein eigenes Wohl dem Wohl einer Freundschaft unterzuordnen.

„Es gibt keinen Weg zum Glück.
Glücklichsein ist der Weg.“

Der Zen-Meister Hakuin und der Säugling

Eine Geschichte über Akzeptanz

Einst lebte ein Zen-Meister namens Hakuin in einem Dorf. Jeder in diesem Dorf pries seine untadlige Lebensweise.

Auch ein wunderschönes Mädchen lebte in dem Dorf, welche die Tochter eines Lebensmittelhändlers war. Eines Tages wurde sie schwanger. Ihr Vater wurde deswegen so wütend, dass er ihren Liebhaber bestrafen wollte. Daher zwang der Vater sie, den Namen des Mannes zu verraten, der sie geschwängert hatte.

Der Vater drohte mit Strafe und ließ sich mit keiner Antwort beruhigen. Irgendwann sagte das Mädchen aus Angst vor dem Vater den Namen des Zen-Meisters.

Der Vater war völlig geschockt, hielt sich aber zurück, weil ihm Hakuins Stand sehr wohl bewusst war.

Als das Kind Monate später geboren wurde, konnte der Vater sich nicht mehr zurückhalten. Er nahm das Kind nach der

Geburt und ging den Zen-Meister Hakuin besuchen.
Er hielt ihm das Kind vor sein Gesicht und beschwerte sich gewaltig über die Schande und Peinlichkeit, die seine Familie nun ertragen muss.
Der Zen-Meister antwortete darauf allerdings nur: „Ist das so?“ Danach sah er das Kind liebevoll an und nahm es an sich.
Seit diesem Tag nahm er das Kind überallhin mit und schützte es durch sein Gewand. Auch in stürmischen und regnerischen Zeiten schützte er das Kind durch sein Gewand.
Es sprach sich schnell im Dorf herum, dass er ein junges Mädchen geschwängert hatte. Einige seiner ehemaligen Schüler folgten seinen Lehren nicht mehr. Sie empfanden seine Tat als Schande.
Der Zen-Meister sagte nie etwas zu den Anschuldigungen. Er zog das Kind auf, als wäre es sein eigenes.

Das Mädchen allerdings hatte großen Schmerz, weil sie von ihrem Kind getrennt war. Um ihr Kind wiederzubekommen, erzählte sie ihrem Vater daher die Wahrheit über den wirklichen Liebhaber. Sie nannte den Namen ihres eigentlichen Liebhabers, der ein einfacher Junge aus dem Dorf war.

Ihr Vater, aufs Neue sehr geschockt, rannte wieder schnell zu dem Zen-Meister und entschuldigte sich. Er warf sich vor Hakuins Füße.

Hakuin allerdings antwortete dem Vater nur wieder:

„Ist das so?"

Vielen von uns ist die Meinung unserer Mitmenschen sehr wichtig. Auch wenn gemeinsame Werte und Ansichten für das Funktionieren einer Gesellschaft von großer Bedeutung sind und die Eckpfeiler für ein reibungsloses Miteinander bilden, sollten wir uns diesen Werten jedoch nicht immer blind beugen. Vielmehr sollten wir uns und unser Handeln hinterfragen, uns Gedanken über uns und unsere Mitmenschen machen und so auch nach eigenen Maßstäben handeln und urteilen können. Alles unter der Prämisse, dass die von uns verfolgten Werte und Ansichten das Wohl unserer Mitmenschen respektieren und stets berücksichtigen. Schließlich wissen wir selbst am besten, wer und wie wir wirklich sind und sein wollen.

Gesellschaftlich auferlegte Normen und Vorgaben schränken uns oft enorm ein und stellen uns ins Unrecht, wo wir aus anderen Blickwinkeln vielleicht eigentlich im Recht wären.

Aus Angst vor den Verurteilungen durch andere verstecken sich viele Menschen hinter einer künstlich auferlegten Fassade, die der Gesellschaft ein perfektes Bild vorspiegeln soll. Jedoch erkennen wir nicht, wie unser Selbstwert und unser Selbstbild so von den Mitgliedern der Gesellschaft geprägt werden. In dieser Fremdsteuerung können wir nur bedingt unser eigenes individuelles Glück finden und auch unsere Freiheit und die Freiheit unseres Geistes sind dadurch bedroht. Schließlich können wir nicht frei in einer Gesellschaft leben, wenn wir uns hinter einer Fassade verstecken müssen. Tiefer als das währt nur der Schaden, den wir uns dadurch selber zufügen. Unser Versteckspiel hindert uns daran, unser wahres Ich zu akzeptieren und nach unseren Maßstäben und Werten zu leben. Am Ende belügen wir nur uns selbst.

Wenn Du dich nicht selbst akzeptierst, wie du bist und dich nicht so liebst, wie du bist, bist du nur eine leere Hülle, wenn wir die Werte und Maßstäbe der Gesellschaft beiseitenehmen. Richtet sich Dein Selbstbild nur nach den Meinungen anderer, weißt du nicht, wer du wirklich bist, wenn diese Meinungen verstummen.

Hingegen brauchst Du die Meinungen der anderen gar nicht, wenn du dich selbst gut genug kennst und liebst so wie du bist. Dann lebst du glücklich bis zum Ende deiner Tage, egal, was die anderen sagen, meinen oder denken. Denn du weißt, wer du bist und nur du weißt, was für dich und deine Mitmenschen das Beste ist.
So lebt und handelt der große Zen-Meister dieser Geschichte. Er akzeptiert das uneheliche Kind und tut alles in seiner Macht stehende, um ein guter Vater zu sein. Dabei interessiert es ihn zu keiner Zeit, ob sein Ansehen bei anderen darunter leidet oder nicht. Sein Werte sollten auch dein Bestreben sein: Akzeptiere, wer du bist, die Meinungen anderer sind egal, denn nur du musst wissen, wer du wirklich bist.

„Vergangene Liebe ist bloß Erinnerung. Zukünftige Liebe ist ein Traum und ein Wunsch. Nur in der Gegenwart, im Hier und Heute, können wir wirklich lieben."

Achtsamkeitsübung 2

Bei dieser Achtsamkeitsübung setzt du dich so hin, wie es für dich am angenehmsten ist. Allerdings ist der übliche Schneidersitz zu empfehlen. Du atmest nun tief ein und spannst dabei deinen ganzen Körper an. Du hältst deinen Atem für fünf Sekunden an.

Dann atmest du wieder aus und entspannst deinen ganzen Körper vollkommen. Vergiss nicht, auch die Stelle zwischen deinen Augenbrauen und deinen Kiefer zu entspannen. Nach ein paar Sekunden machst du das Gleiche wieder. Einatmen, dabei Anspannen und die Luft für fünf Sekunden halten. Dann wieder loslassen und den ganzen Körper vollkommen entspannen. Das machst du insgesamt drei Mal. Diese Übung ist vor allem vor dem Schlafengehen sehr förderlich für eine gute Entspannung und kann hilfreich sein, wenn man Probleme beim Einschlafen hat.

Der Garten des Königs

Eine Geschichte über Selbstliebe

Es existierte einst ein König, der immer einen wunderschönen Garten haben wollte. Also ließ er einen Garten mit vielen Bäumen und Pflanzen anlegen.

Monate später ging er in seinen Garten, um seine Bäume und Pflanzen zu bewundern.

Zu seinem Erschrecken war der Garten überhaupt nicht so schön wie vorher. Denn viele Bäume und Pflanzen waren verwelkt oder abgestorben.

Um der Sache auf den Grund zu gehen, ging er zuerst zu der Eiche und fragte sie, warum es ihr denn so schlecht gehe. Die Eiche antwortete, dass es ihr nicht gut gehe und sie nicht überleben würde, weil sie nicht so toll sei wie die Tanne. Die Tanne sei nämlich sehr hoch und die Eiche könne niemals so hoch wachsen.

Der König trat nun zur Tanne und stellte ihr dieselbe Frage: „Tanne, wieso bist du am Verwelken?“

Die Tanne sagte, dass sie am Verwelken sei, weil sie nicht so toll sei wie der Weinstock. Dieser könnte nämlich Trauben tragen und die Tanne könnte dies nicht.

Der König wandte sich nun an den Weinstock und stellte abermals dieselbe Frage:

„Und du Weinstock, wieso bist du am Sterben?"

Der Weinstock erwiderte, dass er am Sterben war, weil er nicht so toll sei wie eine Rose. Diese würde nämlich wunderschön blühen können. Verzweifelt schaute er sich in seinem Garten um. Plötzlich sah er das wilde Stiefmütterchen. Im Gegensatz zu den anderen Pflanzen in dem Garten war das Stiefmütterchen vollkommen frisch und blühte wunderschön.

Daher fragte er sie, warum sie noch so schön blühe, während alle anderen Pflanzen verwelkten.

Darauf antwortete das Stiefmütterchen:

„Du hast mich ausgewählt. Daher wusste ich, dass du mich wolltest. Denn wenn du dich nach einer Tanne, Rose oder anderen Pflanze in deinem Garten gesehnt hättest, dann hättest du eine Tanne, Rose oder andere Pflanze eingesetzt.
Als du dich daher entschieden hast, ein Stiefmütterchen zu pflanzen, wusste ich, dass du auch ein Stiefmütterchen willst. Ich gab daher auch mein Bestes, ein Stiefmütterchen zu sein. Denn letztlich kann ich sowieso nichts anderes sein als das, was ich bin. Also versuche ich einfach mein bestes Ich zu sein“.

Die Geschichte soll uns den Wert und die Bedeutung der Selbstliebe des Menschen aufzeigen. Sie lehrt uns, wie vergeblich und ziellos es sein kann sich mit anderen zu vergleichen. Denn jeder von uns ist ein lebendiges und einzigartiges Individuum, mit Stärken und Schwächen und geformt durch die Erfahrungen die wir in unserer Vergangenheit machen durften. Diese Einzigartigkeit ist der Grund, warum ein Vergleich mit anderen Individuen niemals funktionieren kann. Es fehlt schlichtweg die Grundlage.

Und dennoch neigen wir Menschen dazu den Blick auf andere zu legen und uns selbst an dem zu messen, was wir in anderen sehen. Wie in der Geschichte, in der die Eiche die Größe der Tanne betrachtet, die Tanne die Trauben des Weinstocks und der Weinstock die Blüte der Rose. Wir vergessen dabei uns selbst und geraten in einen Teufelskreis, der uns daran hindert uns selbst zu lieben. Wir sind wie besessen davon uns mit unseren Mitmenschen zu vergleichen und erkennen nicht, dass wir uns dadurch den Zugang zur Selbstliebe verbauen. Warum das so ist?

Wie bereits erwähnt, sind alle Menschen nun mal anders - jeder Mensch ist einzigartig. Wenn wir nun versuchen uns mit anderen zu vergleichen bleibt uns im Grunde nur die Möglichkeit das komplexe und einzigartige Individuum Mensch auf einzelne Aspekte zu reduzieren und so gewissen Kategorien zuzuordnen. Dadurch verschwinden all die anderen Eigenschaften und Besonderheiten, die unser Gegenüber ausmachen und erst zu dem machen was er oder sie ist. Wir betrachten nur einen Aspekt einer komplexen Persönlichkeit und versuchen uns mit diesem zu vergleichen, weil wir diesen einen Aspekt vielleicht als besonders erstrebenswert oder gar beneidenswert ansehen – wie die Größe der Tanne, die Trauben des Weinstocks oder die Blüte der Rose. Allerdings reduzieren wir uns durch den Vergleich ebenfalls nur auf einen einzigen Aspekt und vergessen, was uns darüber hinaus zu etwas besonderem macht. Der einzige Weg diesem Teufelskreis glücklich zu entkommen, ist, die beste Version von sich selbst zu sein, indem man sein Handeln und Denken stets an den eigenen Werten und Wünschen orientiert und sich als einzigartiges Wesen akzeptiert. Denn nur durch Einzigartigkeit kommt Vielfalt, und Vielfalt ist das, was das Leben spannend macht.

Wenn Du dich wieder dabei erwischst dich mit anderen zu vergleichen, dann versuche dich daran zu erinnern, dass du einzigartig bist und zu vergleichen vergeblich ist. Erinnere dich daran, dass du mehr bist als der eine Aspekt, den du zu vergleichen versuchst. Und versuche auch in deinem Gegenüber die Einzigartigkeit zu erkennen, die viel mehr ist als nur eine Eigenschaft. So wirst du es schaffen deinen Weg zur Selbstliebe zu finden, so wie es auch dem Stiefmütterchen in der Geschichte gelungen ist sich selbst zu lieben.

„Niemand rettet uns, außer wir selbst. Niemand kann und niemand darf das. Wir müssen selbst den Weg gehen.“

Die zwei Söhne und ihre Mutter

Eine Geschichte über verschiedene Sichten

Einst gebar eine Mutter zwei Söhne. Beide spielten oft zusammen und hatten viel Spaß.
Obwohl beide gemeinsam aufwuchsen, konnten sie unterschiedlicher nicht sein. Der eine Sohn blieb häufig bei seiner Mutter und wollte sie am besten niemals verlassen. Der andere Sohn war ein Abenteurer, der keine Angst vor dem Unbekannten hatte und daher seine Mutter oft verließ, um die Welt zu erkunden.
So war es dann auch, als sie erwachsen wurden. Der eine Sohn blieb bei seiner Mutter, während ihr anderer Sohn sie häufig verließ. Jedes Mal, wenn er von einer seiner Reisen zurückkam, brachte er seiner Mutter ein Geschenk von seiner Reise mit.
Einst stritten sich die zwei Söhne darüber, wer die Mutter mehr liebhatte. Beide nannten Gründe, warum sie das eher seien. Die Mutter unterbrach sie und sagte, dass derjenige von ihnen, der die Welt als Erster

umrundet habe und wieder bei ihr sei, der Gewinner sei.
Der eine Sohn, der ein Abenteurer war, rannte sofort los in der Hoffnung, die Welt als Erstes zu umkreisen.
Der andere Sohn aber blieb stehen und rannte um seine Mutter herum. Er umarmte sie und sagte dann: „Du bist meine Welt. Ich habe dich umkreist."

Diese Geschichte zeigt uns die wunderbare Vielfalt von uns Menschen. Wenn unser Ziel auch gleich zu sein scheint, findet jeder von uns seinen ganz eigenen Weg dieses zu erreichen. Was den einen glücklich macht, kann dem anderen nur wenig bedeuten und umgekehrt. Und doch bestreben beide das gleiche Ziel zu erreichen – glücklich zu sein. Während einer der Brüder sein Glück im Reisen findet und darin immer neue Teile der Welt zu entdecken, findet der andere Bruder sein Glück in seiner Heimat und in der Nähe seiner Mutter. Das die Beiden oft zusammen spielten und viel Spaß miteinander hatten, zeigt uns, dass wir einander lieben und respektieren können, auch wenn wir von Grund auf verschieden sind.

Der Respekt ist dabei der entscheidende Faktor, gepaart mit der Erkenntnis, dass es nicht immer ein Falsch oder Richtig geben muss und das jeder die Welt mit anderen Augen sieht.

Der Weltenbummler in unserer Geschichte zweifelt keine Sekunde daran, dass seine Mutter unseren Planeten Erde meint, als sie sagt, dass die Söhne für sie die Welt umrunden sollen.

Sein Bruder hingegen bleibt in seinem bekannten Umfeld und definiert für sich die Mutter als Welt, die es zu umrunden gilt.

Eine vermeintlich klare Fragestellung führt so zu zwei komplett unterschiedlichen Ergebnissen. Doch wirklich falsch liegt im Grunde keiner von Beiden. Durch die unterschiedlichen Interpretationsansätze der Aufgabe kommen beide erfolgreich ans Ziel und beweisen ihrer Mutter auf ihre jeweils eigene Art ihre Liebe.

Diese Geschichte über verschiedene Sichtweisen soll dich daran erinnern, dass man jede Aufgabe und Situation aus mehreren unterschiedlichen Perspektiven betrachten kann. Eine andere Herangehensweise mag aus deiner Sicht zunächst falsch wirken. Wenn du es jedoch schaffst, deinen Geist für deine Mitmenschen zu öffnen, wirst du erkennen, dass es mehr gibt als nur deine Sichtweise und somit vielleicht auch mehr als nur einen Weg Situationen zu betrachten und zu lösen. Manchmal führen mehrere Wege zum Erfolg und so kann jeder auf seine Weise erfolgreich sein.

„Der Mensch leidet, weil er Dinge zu besitzen und zu behalten begehrt, die ihrer Natur nach vergänglich sind.“

Achtsamkeitsübung

3

Nimm dir einen Zettel zur Hand. Erstelle zwei Listen. Auf die erste Liste schreibst du zehn Dinge, die du an dir selbst liebst, also an deinem Aussehen, deinem Charakter etc.

Auf die zweite Liste schreibst du zehn Dinge, die du an deinem Leben liebst. Das kann zum Beispiel sein, dass deine Familie dich oft sieht oder du mit deiner Wohnung oder der Stadt, in der du lebst, zufrieden bist.

Diese Übung mag sehr simpel erscheinen. Allerdings hat sie eine unglaubliche Wirkung, die du möglicherweise nicht sofort sehen wirst. Unterbewusst änderst du allerdings viel an dir. Du baust so langsam ein gesundes und nachhaltiges Selbstbewusstsein auf.

Mache diese Übung in regelmäßigen Abständen!

Der Mann, der den Mond verschenken wollte

Eine Geschichte über Glück

Der Zen-Meister Ryokan lebte ein sehr einfaches Leben in einer kleinen Hütte am Fuße eines Berges.

Eines Nachts hörte er leise Schritte in der Hütte. Verwundert, warum um diese Zeit Schritte zu hören waren, lief er in die Richtung der Schritte. Von draußen konnten die Schritte nicht kommen. Dafür waren sie zu gut hörbar. Er lebte aber alleine im Haus. Ein Mitbewohner konnte es also auch nicht sein.

Als er die Person fand, von der die Schritte kamen, sah er, wie ein Dieb nach wertvollen Gegenständen in der Wohnung suchte. Er konnte jedoch nichts finden. Als der Dieb gerade die Hütte verlassen wollte, stoppte der Zen-Meister ihn und meinte, dass er ja vermutlich von weit hergekommen sei und nicht mit leeren Händen nachhause gehen sollte. Er bat ihn also, seine Kleidung als Geschenk anzunehmen. Der Dieb war völlig überrascht und wusste nicht, was er denken

sollte. Er nahm die Kleider an sich und verließ schnell die Hütte.
Der Zen-Meister setzte sich nun nackt vor seine Hütte und beobachtete den Mond. Er konnte den Dieb nicht vergessen und dachte: „Ach der arme Kerl. Ich wünschte, ich hätte ihm den wundervollen Mond geben können."

Diese Geschichte zeigt uns, wie viel wertvoller das Glück im Vergleich zu allem Materiellen ist. Oft verlieren wir diese Tatsache aus den Augen und suchen unser Glück in materiellen Dingen. Dabei liegt die Kunst des Glücklichseins darin zu erkennen, dass Glück nichts Materielles ist und auch nicht in dem Besitz von Dingen gefunden wird. Reichtum mag aus gesellschaftlicher Sicht vielleicht greifbar und vergleichbar sein. Dennoch ist der mit dem größeren Reichtum nicht der glücklichere Mensch und somit am Ende doch der ärmere.

Obwohl der Zen-Meister in der Geschichte selbst nicht viel besaß, war in seinen Augen der Dieb der „arme Kerl“. Zwar hatte der Meister keinen Besitz, jedoch war er bereits mit dem wenigen, was er hatte, zufrieden und glücklich. Er sah die Schönheit des Lebens und das Glücklichsein in dem Moment. Der Dieb tat dies nicht und begehrte daher nach materiellem Besitz. Da der Zen-Meister dies erkannte, versuchte er dem Dieb bei seiner Suche nach Glück zu helfen, indem er ihm sprichwörtlich sein letztes Hemd gab. So musste der Dieb nicht ohne Beute gehen und sollte glücklicher sei als vor dem Einbruch, denn schließlich besaß er nun mehr.
Doch der Zen-Meister wusste, dass der Dieb nun nicht glücklicher sein würde als zuvor. Daher betrachtet er den Mond, der in dieser Geschichte symbolisch für das Glück des Zen-Meisters steht, und wünschte sich, dass er dem Dieb den Mond hätte schenken können. Er wollte sein eigenes Glück also

mit dem Dieb teilen und dem Dieb damit zeigen, worin das wahre Glück liegen kann. Doch jeder von uns muss sein Glück für sich selber finden. Diese Erkenntnis bestätigt den Zen-Meister in seiner Annahme, dass der Dieb letzten Endes der ärmere von den beiden ist.

Glück bedeutet für jeden von uns etwas anderes. Versuche das zu finden, was dich wirklich glücklich macht. Und lasse dich dabei nicht von den Normen und Werten der Gesellschaft leiten. Materieller Reichtum und Erfolg bedeuten nicht zwangsläufig auch Glück. Es ist sogar sehr wahrscheinlich, dass nicht Geld oder Erfolg dich glücklich machen, sondern die immateriellen Werte im Leben wie Liebe, Freundschaft, der Moment, in dem du gerade bist, oder auch der Mond, der dir scheint.

„Wer seinen Wohlstand vermehren möchte, der sollte sich an den Bienen ein Beispiel nehmen. Sie sammeln den Honig, ohne die Blumen zu zerstören. Sie sind sogar nützlich für die Blumen. Sammle deinen Reichtum, ohne seine Quellen zu zerstören, dann wird er beständig zunehmen.“

Die zwei Mönche und der Fluss

Eine Geschichte über das Loslassen

Zwei Mönche liefen nach einer kleinen Wanderung zusammen zurück zum Tempel. Auf dem Weg gelangten sie an einen Fluss, der eine starke Strömung hatte.

Als sie sich entschieden, den Fluss zu überqueren, sahen sie, wie eine junge hübsche Frau auf ihrer Seite des Flusses vergeblich versuchte, auf die andere Seite zu gelangen. Sie hatte teure Kleidung an, die sicherlich nass geworden wäre, wenn sie versucht hätte, den Fluss zu überqueren.

Weil sie merkte, dass es für sie alleine niemals möglich sein würde, diesen Fluss zu überqueren, bat sie die Mönche um Hilfe.

Der alte Mönch zögerte nicht und nahm die Frau auf seine Schultern und trug sie auf die andere Seite des Flusses. Die Frau zeigte große Dankbarkeit und verabschiedete sich.

Der jüngere Mönch war völlig empört. Als Mönch war es ihnen nicht erlaubt, Frauen anzufassen. Aber der eine Mönch hatte sie nicht nur angefasst, sondern sogar auf den

Schultern getragen! Angefressen lief der Mönch dann neben dem anderen Mönch nachhause.
Sogar Stunden später, nachdem sie im Tempel angekommen waren, blieb der Mönch sehr verärgert. Er konnte dieses Fehlverhalten des anderen Mönchs nicht vergessen.
Der andere Mönch bemerkte, dass er sauer war und fragte ihn, was denn los sei. Der wütende Mönch antwortete ihm:
„Wie kannst du das nur fragen! Wir dürfen als Mönche niemals eine Frau anfassen. Du hast diese Frau aber über den Fluss getragen. Wie konntest du nur?“
Der Mönch erwiderte lachend:
„Ich habe die Frau vor Stunden am Ufer gelassen und gehe meinen Weg. Du aber trägst sie immer noch mit dir herum.“

Manchmal müssen wir lernen loszulassen, um zu erkennen, dass wir uns auf dem Weg zum Glück ausbremsen. Die Geschichte soll uns lehren, dass es nicht immer richtig ist, stur an den eigenen Werten und Vorstellungen festzuhalten. Und das wir unsere Lebenszeit am besten nutzen, wenn wir es schaffen, uns nicht mit unnützen Dingen aufzuhalten. Loslassen und erkennen, was wirklich wichtig ist – eine Botschaft, die auch der junge Mönch erst lernen und verstehen muss.

Wir wissen, dass wir wahres Glück nur im Jetzt finden können und uns die Zukunft und die Vergangenheit nur von unserem Weg zum Glück abbringen. So ist es auch in dieser Geschichte. Der junge Mönch klammert sich so sehr an die Vergangenheit, dass er sich in ihr verliert und im Jetzt nur den Groll über die Vergangenheit spürt, anstatt glücklich zu sein.

Der junge Mönch erfährt Enttäuschung, als sein Freund die Frau über den Fluss trägt und so gegen Grundprinzipien der Mönche verstößt. Dieses Gefühl der Enttäuschung prägt sein Bild von dem Moment in der Vergangenheit und er schafft es nicht, dieses Bild loszulassen und sich von der Verärgerung zu lösen. Wenn wir an der Vergangenheit festklammern, werden wir schnell merken, dass dies oft mit Leid verbunden ist. Wir können das Geschehene nicht mehr verändern oder rückgängig machen. Und so nehmen wir auch alles Schlechte aus der Vergangenheit mit in unsere Gegenwart.

Obwohl dies oft Leid bedeutet, tragen wir die Vergangenheit als Ballast in unserem Herzen. Der Weg zum Glück wird dadurch blockiert. Der alte Mönch hingegen legte die Vergangenheit bereits direkt nach Ankunft symbolisch auf der anderen Seite des Flusses ab, er hatte schon losgelassen. Er ist sich bewusst, dass er gegen seine Grundwerte verstoßen hatte. Doch wusste er auch, dass er es zum Wohle der Frau tat und so konnte er sein Handeln vor sich selbst rechtfertigen. Anstatt an der Vergangenheit festzuklammern und unter dem Regelverstoß zu leiden, lässt er die Situation in der Vergangenheit und legt den Groll ab. So ist sein Geist offen für Glück und Zufriedenheit im Hier und Jetzt. Der jüngere Mönch allerdings trug sie noch lange mit sich. Er litt den ganzen Weg über, weil er die Vergangenheit nicht ruhen lassen konnte.

Nichts im Leben ist wirklich gewiss. Der Tod ist das einzig Sichere. Daher solltest du deine Zeit niemals mit vergangenen Lasten verschwenden, die du sowieso niemals ändern kannst. Das Leben ist einfach zu kurz, um deine Zeit mit den Lasten der Vergangenheit zu beschweren. So wie der alte Mönch es vorlebt, musst du deine alte Last symbolisch von deinen Schultern ablegen und loslassen. So kannst du mit der Vergangenheit abschließen und in deinem Jetzt glücklich sein.

„Groll mit uns herumtragen ist wie das Greifen nach einem glühenden Stück Kohle in der Absicht, es nach jemandem zu werfen. Man verbrennt sich nur selbst dabei."

Achtsamkeitsübung

4

Schreibe deinem zukünftigen Ich einen Brief. Den Brief soll dann dein Ich in fünf Jahren öffnen.

In den Brief kannst du alles schreiben, was dir im Moment einfällt. Jede Emotion, jedes Ziel, jeder Gedanke soll in den Brief.

Hier ein paar Ideen:

Was willst du dann erreicht haben?

Wofür bist du gerade dankbar?

Was genießt du an deiner jetzigen Situation?

Nimm dir wirklich Zeit für diesen Brief und verwahre ihn anschließend an einem Ort, an dem sicher ist und er nicht verloren geht. Mache es zu einer Tradition dir selber Briefe zu schreiben.

Der verlassene Mann

Eine Geschichte über Leid

Einst kam ein Mann zu einem Zen-Meister.

Er beklagte sich vehement, dass seine Frau ihn verlassen hatte:

„Dieses ekelhafte Geschöpf! Sie ist so grauenhaft. Ich kann nicht aufhören, daran zu denken, wie ich mich an ihr rächen werde. Jeden Tag, wenn ich aufwache, denke ich direkt an meine Pläne. Warum muss ich so leiden, Meister?"

Der Meister antwortete:

„Weißt du, immer wenn etwas Schlimmes wie bei dir passiert, fühlt es sich so an, als habe uns ein Pfeil getroffen. Das ist der Schmerz. Dieser ist schrecklich. Doch es gibt immer einen weiteren Pfeil. Der Pfeil ist unsere Reaktion auf den Schmerz. Er geht über den Schmerz hinaus. Das ist das, was du gerade fühlst. Das ist Leiden."

Wenn uns im Leben etwas Schlimmes widerfährt, verspüren wir tiefen seelischen

Schmerz. Die Geschichte vom verlassenen Mann soll uns zeigen, wie wir mit seelischen Schmerzen umgehen können und wie wir es schaffen, das Leiden zu minimieren.

Der Zen-Meister beschreibt den Schmerz, den der verlassene Mann verspürt als Pfeil, von dem dieser getroffen wurde. Er vergleicht also den seelischen Schmerz des Mannes mit den körperlichen Schmerzen, wenn wir von einem Pfeil getroffen werden. So wird der Schmerz für den Mann greifbarer und er kann erkennen, dass er den Schmerz zulassen muss, um ihm Herr zu werden. Die Reaktion, die wir auf den Schmerz in solchen Situationen zeigen, ist das Leiden. Dies beschreibt der Zen-Meister als weiteren Pfeil, der tiefer geht als der des ursprünglichen Schmerzes. Erst so erkennt der verlassene Mann, warum er sich jeden Tag so verletzt fühlt.

Um das Leiden zu beenden, müssen wir aufhören, den Schmerz zu verdrängen. Wir müssen ihn zulassen und verstehen. Dadurch geben wir unserer Seele die Chance zu heilen und den erlebten Schmerz zu verarbeiten. Durch das Verstehen haben wir die Chance, den metaphorischen Pfeil aus unserem Körper zu ziehen und die Wunde heilen zu lassen.

Gib deinem Leid die Zeit und den Platz, den es braucht. Die Zeit wird den Schmerz erträglicher machen und dir dabei helfen, ihn zu verarbeiten. Und wenn die Zeit gekommen ist, wirst du den Schmerz hinter dir lassen können. Nur so kannst du das Erlebte akzeptieren, abschließen und wieder glücklich werden.

„Tausende von Kerzen kann man am Licht einer Kerze anzünden, ohne dass ihr Licht schwächer wird. Freude nimmt nicht ab, wenn sie geteilt wird."

Der wissbegierige Professor

Eine Geschichte über Vorurteile

Einst wollte ein Professor einen Zen-Meister besuchen, um von ihm zu lernen. Also ging er in die Berge, wo der Meister lebte.

In den Bergen suchte der Professor den Meister und fand ihn nach einiger Zeit. Er stellte sich vor und erzählte auch von seinem akademischen Grad.

Daraufhin wollte er von dem Zen-Meister belehrt werden.

Der Mönch sagte nur:

„Willst du Tee trinken?“

Der Professor stimmte zu. Der Zen-Meister bereitete alles für den Tee vor und schenkte dem Professor Tee ein. Als die Tasse voll war, stoppte er allerdings nicht. Der überschüssige Tee floss auf den Tisch und schließlich gelangte er auf den Boden. Der Professor war total verwirrt und rief:

„Es reicht! Können Sie nicht sehen, dass nicht mehr Tee in die Tasse passt? Sie ist voll!“

Der Mönch erwiderte darauf:
„So wie die Tasse bereits voll ist, bist auch du voll von Wissen und Vorurteilen. Um etwas Neues lernen zu können, muss man eine leere Tasse sein.“

Wir müssen unseren Geist öffnen und Vorurteile ablegen, um neues Wissen empfangen zu können. In dieser Geschichte nutzt der Zen-Meister die Teetasse als Metapher für den verschlossenen Geist des Professors. Durch das jahrelange Studium und die Lehren des Professors ist dessen Geist randvoll mit Wissen und Erfahrungen. Mit der Zeit entwickeln wir Vorurteile, basierend auf den Erfahrungen, die wir gemacht haben und dem Wissen, das wir gesammelt haben. Diese Vorurteile hindern uns daran, neues Wissen zu sammeln und neue Erfahrungen aufzunehmen. Denn die vorhandenen Vorurteile sorgen dafür, dass wir aufkommende Situationen automatisch

beurteilen und uns eine Meinung dazu bilden.
Auf der einen Seite schützt uns die voreilige Einschätzung der Situation, auf der anderen Seite schränkt sie uns sehr ein. Denn die Meinung, die wir uns automatisch bilden, verwehrt uns, wie ein Vorhang, die Sicht auf das Neue. So können wir keine neuen Erfahrungen und Erkenntnisse aus Momenten gewinnen und können unser Wissen nicht erweitern. Unser Horizont und unser Potenzial werden durch sie eingeschränkt.
Die überlaufende Teetasse symbolisiert diese Einschränkung und zeigt uns, dass alles, was über ihren Rand hinaus geht, nicht gehalten werden kann. Der Zen-Meister gibt vor, dass nur eine leere Tasse in der Lage ist, neues Wissen zu speichern und neue Erfahrungen zu sammeln. Dafür müssen wir uns von den Vorurteilen befreien, um Platz zu machen für das Neue. Wir müssen im wahren Sinne des

Wortes den Vorhang öffnen, um zu sehen, was sich dahinter Neues verbirgt.

Versuche, dich von den Vorurteilen zu befreien und Situationen nicht vorab zu bewerten. Öffne deinen Geist für das Neue und gebe dir so die Möglichkeit, neues Wissen und neue Erfahrungen aufzunehmen. Denke an die überlaufende Teetasse des Zen-Meisters und lass dich nicht von deinen Vorurteilen leiten.

„Alles verstehen heißt alles verzeihen.“

Achtsamkeitsübung 5

Setz dich hin und denk nach! Welche Dinge, die dir in der Vergangenheit passiert sind, kannst du nicht vergessen und leben heute immer noch in deinen Gedanken?
Welche Dinge, die vergangen sind, bringst du heute immer noch im Streit gegenüber anderen vor?
Schreib sie alle auf!
Nachdem du sie aufgeschrieben hast, versuche sie bewusst in der Vergangenheit zu lassen. Was vergangen ist, ist vergangen. Lasse los!
Wenn du willst, kannst du das Papierstück symbolisch verbrennen und dabei zuschauen, wie der Wind die Asche davonträgt.

Der Frosch-wettkampf

Eine Geschichte über negative Menschen

Einst kamen viele Frösche zusammen und wollten einen Wettbewerb veranstalten. Der erste Frosch, der den höchsten Punkt des größten Turms in der Umgebung erreichen würde, hatte gewonnen.

Der Wettbewerb begann und es nahmen viele Frösche an ihm teil. Zahlreiche weitere Frösche kamen, um sich den Wettbewerb anzusehen.

Alle Frösche, die dem Wettbewerb zuschauten, waren davon überzeugt, dass es sowieso keiner der Frösche schaffen würde.

Daher waren sie nur da, um ihren Unglauben zum Ausdruck zu bringen und taten das Gegenteil von Anfeuern.

Einer schrie: „Oh nein! Ihr alle werdet es niemals schaffen!“, ein anderer: „Unmöglich, was er versucht“. Wieder ein anderer rief: „Ihr seid doch alle nur Versager.“

Tatsächlich schien es so, als ob die Zuschauer Recht behalten sollten. Denn es kam auch nach einiger Zeit kein einziger

Frosch oben an. Außerdem hatten sich immer mehr Frösche dazu entschieden freiwillig aufzugeben.

Die Zuschauer hörten indes nicht auf zu schreien, dass sie es niemals schaffen würden. Tatsächlich hörten alle auf. Nur einer gab nicht auf. Nach einiger Zeit schaffte es dieser Frosch als Einziger auf die Spitze des Turms.

Alle waren vollkommen verblüfft. Wie hatte er es nur geschafft?

Um dies herauszufinden, fragten sie ihn. Als sie sich ihm näherten und er nicht antwortete, bemerkten sie, dass er taub war.

Oftmals verkennen wir die Macht des positiven Denkens und die unheilsame Kraft negativer Gedanken. In dieser Geschichte symbolisieren die Zuschauer des Wettbewerbs die Menschen in unserem Leben, die nicht an ihre Ziele und Träume glauben und dadurch verlernt haben, andere in ihrem Streben zu unterstützen. Sie repräsentieren die Menschen in unserem Leben, die uns herunterziehen und versuchen, uns unsere Träume auszureden. Der taube Frosch war der Einzige, dem es gelang, die Turmspitze zu erreichen und das vermeintlich unmögliche Unterfangen erfolgreich zu gestalten. Und das, weil er die demotivierenden Rufe der Zuschauer nicht hören konnte und er so nicht dem negativen Denken verfallen konnte. Stattdessen glaubte er weiterhin an sich selbst und bemerkte gar nicht, dass alle anderen Frösche eigentlich gar nicht an ihn glaubten. Er blieb seinen positiven Gedanken treu und so wurden sein Selbstbewusstsein und sein Glaube an sich selbst nicht geschwächt, wie es bei den anderen Fröschen der Fall war.

In unserem Leben werden wir immer wieder Menschen begegnen, die nicht an uns glauben und uns demotivierende Worte mit auf den Weg geben. Wie die Frösche, die nicht zum Anfeuern zum Wettkampf kommen, sondern um ihren Unglauben zu äußern. Diesen Menschen fehlt die Weitsicht und Offenheit, um zu erkennen, dass wir unsere Ziele und Träume erreichen können. Sie sind geprägt von eigenen Rückschlägen und vielleicht auch der Missgunst, dass jemand seine Träume erreicht, wo sie selber doch nicht an ihre herankamen. Wir müssen uns stets bewusst sein, dass diese negativen Gedanken der anderen nicht an uns liegen, sondern diese Menschen nur ihre eigenen negativen Erfahrungen auf uns projizieren wollen.

Lass dich nicht durch die negativen Gedanken und Worte anderer von deinem Weg abbringen. Höre nur auf dich selbst und deine positive Stimme und glaube unbeirrt an deine Träume und Ziele. Du kannst viel mehr erreichen, als du zu glauben wagst. Also lass dir nicht einreden, dass dein Ziel nicht erreichbar sei. Du kannst entscheiden, ihre Worte bewusst nicht zu beachten und ihre negative Einstellung nicht wahrzunehmen. Denn letztendlich sind diese Menschen selbst die Personen, die nicht glücklich werden können, weil sie sich selbst dabei im Weg stehen. Denn sie haben aufgehört, an sich zu glauben. Es ist dein Leben und deine Entscheidung, glücklich zu leben. Es ist deine Entscheidung dein Leben zu leben, wie du es willst und die Ziele zu verfolgen, die für dich erstrebenswert sind. Lass dich nicht von der Sichtweise anderer Menschen einschränken und glaube an dich.

„Alle Menschen sind eins. Was sie unterscheidet, ist der Name, den man ihnen gibt."

Die Kartoffellast

Eine Geschichte über Hass

Es existierte einst eine Lehrerin, die ihren Schülern eine Lektion beibringen wollte.

Sie sagte ihnen, sie sollten ein paar Kartoffeln in die Schule mitbringen. Jedes Kind sollte sich überlegen, welche Personen es nicht besonders mochte, und für jede eine Kartoffel zur Hand nehmen. Auf diese Kartoffel sollten die Kinder jeweils den Namen dieser Person schreiben. Alle Kartoffeln entsprachen dann der Menge der Menschen, die das Kind nicht mochte.

Am nächsten Tag sollten die Kinder die beschrifteten Kartoffeln mit in die Schule bringen. Manche Kinder hatten viele Kartoffeln und demnach viele Personen, die sie nicht ausstehen konnten. Andere hatten nur eine oder zwei Kartoffeln dabei.

Die Lehrerin gab den Kindern nun die Aufgabe, die Kartoffeln die ganze Woche überallhin mitzunehmen, wo sie hingehen.

Nach ein paar Tagen wollten die Kinder nicht mehr weitermachen, weil die Kartoffeln zu stinken begannen.
Zusätzlich beschwerten sich die Kinder, die viele Kartoffeln mit sich trugen, dass die Kartoffeln zu schwer seien.
Nach der Woche kamen alle wieder zusammen und die Lehrerin fragte die Kinder:
„Wie war diese Woche?“
Die Kinder hatten nur Negatives zu berichten. Die Kartoffeln waren zu schwer und zu stinkig.
Die Lehrerin sagte daraufhin:
„Wenn ihr Menschen nicht leiden könnt, verhält es sich ähnlich wie bei den schweren Kartoffeln. Ihr tragt sie jeden Tag mit euch. Sie sind unangenehm und schwer und trotzdem tragt ihr sie mit euch herum. So wie ihr den Gestank der Kartoffeln nicht ertragen könnt, so kann der Mensch auch den Hass

gegen eine Person schwer in seinem Herzen ertragen. Er leidet sehr darunter."

Für einen friedlichen Geist und inneren Frieden gibt es kein größeres Gift als negative Gedanken und Gefühle. Diese Geschichte soll uns zeigen, wie groß die Last des Hasses ist, den wir mit uns tragen und wie schwer uns dieser unterbewusst begleitet.
Die Schüler sollen ihre negativen Gefühle für ihre Mitmenschen greifbar machen, indem jede Person, für die sie einen Groll in sich tragen, in Form einer Kartoffel mitgetragen wird. So werden die negativen Gefühle der Schüler sichtbar. Mit der Zeit wird den Schülern bewusst, wie sehr sie unter der Last der Kartoffeln leiden. Denn diese sind nicht nur sehr schwer, sondern faulen auch und riechen dadurch unangenehm. Dadurch erkennen die Schüler, wie sehr ihr Leben und Wohlbefinden unter

der real gewordenen Last der negativen Emotionen leidet. Eine Verbildlichung des geistigen Empfindens und der Grund dafür, warum sie in dem Moment nicht glücklich sein können.
Diese Geschichte zeigt, dass das Mittragen von Hass und Wut in unseren Herzen letztlich nur schlecht für uns selbst und unser Glück ist. Schließlich tragen wir diese Negativität täglich unterbewusst in uns. Diese Last macht uns auf Dauer unglücklich und verhindert, dass wir das Positive sehen und erkennen.
Wir sollten daher hinterfragen, ob die negativen Emotionen, die wir für eine andere Person empfinden, wirklich Platz in unserem Herzen einnehmen sollte. Jede Person, jede dazugehörige Kartoffel, erschwert unsere Last an negativen Dingen und entfernt uns weiter von unserem Wunsch, glücklich zu sein. Um einen friedlichen Geist und inneren Frieden und Glück zu erlangen, müssen wir

die schlechten Gedanken loslassen und uns von dem Hass und der Wut auf andere befreien. Wir müssen Frieden schließen mit den Menschen, die unsere negative Last erhöhen. Nur so finden wir unseren Frieden und können unser Glück im Jetzt erleben. Wenn du einer Person begegnest, für die du Hass oder Wut empfindest, versuche dich bewusst von diesen Gefühlen zu lösen. Befreie dich in der Situation von den negativen Emotionen und lege dir Last ab, die du mit dieser Person verbindest. So wirst du Schritt für Schritt merken, wie die negative Belastung abnimmt und dein Geist sich für das Glück öffnet.

„Das Glück liegt in uns, nicht in den Dingen.“

Achtsamkeitsübung

6

Mache einen kleinen Ausflug in den Wald. Setze dich dort irgendwo hin, wo du etwas länger sitzen kannst. Am besten wäre es, wenn wenig oder gar keine Menschen an dir vorbeigehen.

Mache es dir gemütlich und setze dich im Schneidersitz auf den Boden. Nun schließe die Augen.

Horche einfach für mehrere Minuten, was du hörst. Atme tief ein und aus.

Was hörst du?

Wie fühlst du dich?

Ist es kalt?

Wonach riecht es?

Buddha und der wütende Mann

Eine Geschichte über Wut

Einst besuchte Buddha ein Dorf. Alle freuten sich, als sie ihn sahen. Buddha erzählte viel und die Leute hörten ihm gebannt zu.

Plötzlich kam ein junger Mann hervor, der überhaupt nicht überzeugt war und ihn nicht sehen wollte.

Er glaubte, dass Buddha nur ein Betrüger sei, der seine Anhänger zu täuschen versuchte.

Buddha hielt seine Rede und der junge Mann begann laut herumzuschreien, um die Rede zu stören.

Buddha allerdings ignorierte ihn und dessen Anstalten, was den jungen Mann nur noch wütender machte.

Sehr wütend ging er dann direkt zu Buddha hin und beleidigte ihn:

„Du darfst keinem etwas beibringen. Du weißt genauso wenig wie alle anderen hier. Hör auf! Du bist genauso dumm wie alle anderen. Hör auf andere zu belehren, du Betrüger!“

Die Menschen, die Buddhas Rede zuhörten, waren empört und versuchten den Mann zu stoppen. Aber Buddha sagte ihnen, dass sie damit aufhören sollten:

„Aggression soll nicht mit Aggression bekämpft werden.“

Dann drehte er sich zu dem wütenden jungen Mann hin und fragte ihn lächelnd:

„Beantworte nur dies: Wenn du ein Geschenk kaufst, aber die Person, für die das Geschenk gedacht ist, das Geschenk nicht will, wem gehört es dann?“

Der junge Mann war perplex und fand die Frage zwar sehr merkwürdig, antwortete aber trotzdem:

„Das Geschenk würde dann immer noch mir gehören, weil die Person das Geschenk nicht angenommen hat und ich es gekauft habe. Dann bleibt es bei mir.“

Buddha sagte daraufhin lachend:

„So funktioniert das auch mit Wut. Wenn du zornig bist und mich beschimpfst, ich aber nicht beleidigt bin und den Zorn nicht annehme, dann gelangt der Zorn zu dir zurück. Der Einzige, der unglücklich ist, bist im Endeffekt nur du selbst. Dadurch hast du nur dich selbst verletzt." Der Mann begriff, was Buddha meinte und schwieg.

Wenn wir uns von der Wut beherrschen lassen, haben wir keinen Raum, um glücklich zu sein. Und genauso dürfen wir auf der anderen Seite die Wut anderer nicht an uns heranlassen, um weiterhin Glück empfinden zu können.

Diese Geschichte zeigt uns, dass wir für unser eigenes Wohl stets versuchen sollten, die Wut anderer von uns fern zu halten und das es uns am Ende nur selbst schadet, wenn wir selbst diejenigen sind, die Wut verspüren.

Der junge Mann in der Geschichte ist wütend, weil er Buddha für einen Betrüger hält, der seine Mitmenschen manipuliert. Aus diesem eigentlich positiven Ansatz, seine Mitmenschen schützen zu wollen, entwickelt der junge Mann so große Wut, dass er auf alle erdenklichen Weisen versucht, die Botschaft Buddhas zu unterbinden. Solange bis er merkt, dass Buddha die ihm entgegengebrachte Wut gar nicht annimmt und von dieser völlig unbeeindruckt ist. An dieser Stelle merkt er, dass die große Wut nur dafür sorgt, dass er selbst unglücklich ist und seine Mitmenschen unglücklich sind, weil sie den Worten Buddhas nicht weiter lauschen können. Einzig Buddha selbst ist nicht von der Wut des jungen Manns betroffen. Dabei zielte er eigentlich auf das genaue Gegenteil ab. Als Buddha ihm dann die Metapher von dem Geschenk und dem Beschenkten erzählt, versteht er die Auswirkungen seines Handelns und kehrt in sich, um den Weg aus seinem Unglück wiederzufinden.

Jeder von uns kommt irgendwann in Situationen, in denen wir Wut verspüren und wir diese unser Handeln beeinflussen lassen. Dabei schaden wir durch dieses Verhalten am Ende nur uns selbst. Daher sollten wir also versuchen, in solchen Situationen loszulassen und die Wut aus unseren Gedanken zu verdrängen. Nur so haben wir wieder Raum für Glück und Zufriedenheit im Jetzt. Genauso sollten wir lernen der Wut, die uns entgegengebracht wird keinen Raum in unserem Geist zu geben. Wir müssen diese abwehren und unser positives Denken und Fühlen stärken. So werden wir es schaffen, das „Geschenk" der Wut nicht anzunehmen und diese Emotion rein beim „Verschenkenden" zu belassen. Denn Wut und Zorn werden immer den treffen, der diese an andere richtet. Denn letztlich leidet er selbst am meisten.

Versuche, dich von deinem Zorn zu trennen. So verhinderst du, dass deine Wut nur dich selbst trifft und dir deinen Zugang zum Glück verbaut. Wenn jemand anderes Wut an dich richtet, nimm sie nicht an und ärgere dich nicht. So bleibst du im Frieden und der Zorn wird zu seinem Absender zurückkehren. Sei stets mir dir selbst im Reinen und erkenne die Wut, bevor du sie weitergibst.

„Wir sind, was wir denken. Alles, was wir sind, entsteht aus unseren Gedanken. Mit unseren Gedanken formen wir die Welt.“

Achtsamkeitsübung

7

Lege dich in dein Bett und strecke deine Arme und Beine etwas von deinem Körper. Lege dich so gemütlich ins Bett, dass du für längere Zeit in deinem Bett liegen kannst, ohne dich bewegen zu müssen.

Nun fange bei einem Fuß an. Konzentriere dich nur auf diesen Fuß und achte darauf, was du an deinem Fuß spüren kannst. Bleib für ein paar Minuten bei diesem Fuß. Nun gehe über auf deinen anderen Fuß. Mache hier genau dasselbe. Dieses Prozedere wendest du jetzt bei jedem deiner Körperteile einzeln an. Konzentriere dich nacheinander nur auf das jeweilige Körperteil. Lasse kein Körperteil aus. Vergiss nicht deinen Hals, deine Finger, deinen Bauch etc.

Die alte Frau und ihre verlorene Nadel

Eine Geschichte über die Suche nach Glück

Eines Nachmittags sahen einige Menschen eine alte Frau, wie sie auf der Straße vor ihrem Haus nach etwas suchte.

Die Menschen, die die alte Frau sahen, gingen zu ihr, um sich zu erkundigen, wie sie ihr helfen könnten.

„Was ist los? Wonach suchst du?“, fragten sie.

Die alte Frau sagte, dass sie eine Nadel verloren hatte.

Alle dastehenden Menschen begannen der alten Frau beim Suchen zu helfen.

Sie suchten lange und konnten trotzdem keine Nadel finden. Also fragte sie einer:

„Die Straße ist doch sehr lang und die Nadel sehr klein. Es wird sehr schwer sein, sie zu finden. Sag uns am besten einfach, wo genau du sie fallen gelassen hast. So können wir unser Suchfeld verkleinern“

Die alte Frau antwortete:

„Ich habe die Nadel im Haus fallen lassen.“

„Bist du verrückt? Wenn du die Nadel in deinem Haus fallen gelassen hast, warum suchen wir dann vor deinem Haus?“, fragten alle Suchenden.
„Na ja, weil hier draußen Sonnenlicht ist und in meinem Haus eben nicht“, antwortete sie.

Der Mensch neigt dazu, sich stets den einfachsten Weg zum Glück zu suchen. Dabei ist der einfachste Weg nicht immer der richtige Weg. Oft suchen wir an den falschen Stellen nach unserem Glück und merken nicht, dass wir auf diese Weise nie ans Ziel kommen können. Viele denken, das Glück wäre in materiellen Gütern und Geld zu finden. Daher suchen sie in diesen Dingen ihr Glück. Es erscheint ihnen leichter zu sein, das Materielle zu erlangen, als sich mit ihrem Geist auseinanderzusetzen und das Glück in sich selbst zu finden. Die alte Frau in der Geschichte möchte ihr Glück in Form der verlorenen Nadel wiederfinden. Daher sucht sie die Nadel lange und ausgiebig und erhält dabei sogar Hilfe von ihren Mitmenschen. Doch was diese nicht wissen, ist, dass die alte Frau den für sie einfacheren Weg gewählt hat, denn draußen hat sie Tageslicht, das ihr das Suchen erleichtert. Da sie die Nadel aber im Haus verloren hat, erkennt sie nicht, dass sie die Nadel nie auf dem leichtesten Weg wiederfinden kann. Um die Nadel, die in der Geschichte stellvertretend für das Glück steht, zu finden, muss sie den anspruchsvolleren Weg wählen und im Haus ohne die Hilfe der Menschen und des Tageslichts suchen. Das Haus steht hierbei sinnbildlich für den Geist und die Seele der alten Frau. Sie muss demnach in ihrem Inneren suchen, wenn sie das Glück finden will.

Sich mit sich selber auseinanderzusetzen fällt vielen von uns sehr schwer, weil wir die Suche nach dem Glück dabei selbst in die Hand nehmen und wir uns auf dem Weg selber kennenlernen müssen. Das ist zwar anfangs anstrengend und mag eine lange Reise sein, aber letztlich ist dies der Weg, der uns am Ende glücklich machen wird.

Wenn du dich nicht mit dir selbst auseinandersetzt, kannst du nicht glücklich werden. So werden äußere Einflüsse und Werte immer über dein vermeintliches Glück bestimmen. Wahres Glück findest du nur, wenn du dich dir selbst öffnest und keine Angst davor hast, dich selbst kennenzulernen. Versuche also, dich von den materiellen Dingen und unbeeinflussbaren Ereignissen zu lösen. Glück findet man nicht auf dem Weg, sondern in sich selber.

„Lass deinen Geist still werden wie einen Teich im Wald. Er soll klar werden wie Wasser, das von den Bergen fließt. Lass trübes Wasser zur Ruhe kommen, dann wird es klar werden, und lass deine schweifenden Gedanken und Wünsche zur Ruhe kommen."

Sei dein Boss!

Eine Geschichte über alte Gewohnheiten

Einst galoppierte ein Pferd mit seinem Reiter sehr schnell die Straße hinunter. Es wirkte so, als ob der Mann etwas sehr Wichtiges zu erledigen hatte. Alle schauten ihn gespannt an. Was war es wohl, was der Mann so Bedeutendes zu erledigen hatte?
Ein anderer Mann, der an der Straße stand und ihn schnell durchreiten sah, rief ihm aus Neugierde laut zu:
„Wohin willst du denn so schnell hin?"
Der Mann auf dem Pferd antwortete:
„Ehrlich gesagt weiß ich das nicht! Frag das Pferd!"

Dies ist eine sehr kurze, aber doch sehr bekannte und wertvolle Geschichte, die in dieser Sammlung auf keinen Fall fehlen darf. Sie soll uns zeigen, wie wir in unserem Handeln durch alte Gewohnheiten beeinflusst werden und wie wir in vielen Fällen durchs Leben laufen – gelenkt von unseren Gewohnheiten. Diese Gewohnheiten sind nicht die Folge von unseren eigenen achtsamen Entscheidungen, sondern eher unfreiwillig und unterbewusst durch unsere Umwelt und unser unachtsames Handeln entstandene Muster. So verbringen wir den Tag oft mit gewohnten Abläufen und wissen manchmal gar nicht mehr, warum wir dies tun. Unser Leben läuft an uns vorbei, ohne das wir die Zügel in die Hand nehmen und es dahin lenken, wo wir hin wollen. Bei dieser Metapher setzt auch die Geschichte an. Das Pferd symbolisiert unsere Gewohnheiten. Es rennt überallhin, zieht uns mit und wir wissen nicht, warum und wohin der Weg uns führt. Ein durch Gewohnheiten geprägter Irrlauf, bei dem der Reiter vergisst, das Pferd wieder unter Kontrolle zu bringen.

Die Geschichte soll uns daran erinnern, unser Handeln zu hinterfragen. Wir sollten immer mal wieder anhalten, einen Schritt Abstand nehmen und darüber nachdenken, ob wir im richtigen Tempo und auf den

richtigen Wegen durch unser Leben reiten. Was wollen wir wirklich? Wohin wollen wir? Und was macht uns wirklich glücklich?
Auf deiner Suche nach dem Glück solltest du regelmäßig in dich kehren und für einen kurzen Moment innehalten. So kannst du dich selbst und dein Handeln hinterfragen und erkennst, ob du in manchen Teilen deines Alltags von alten Gewohnheiten getrieben wirst, obwohl diese dich nicht voranbringen und dir vielleicht sogar wertvolle Zeit und Energie rauben.
Wenn du dein Glück suchst, musst du die Zügel selbst in die Hand nehmen und bewusst für dich entscheiden, wohin dein Weg führen soll. Nimm dein Leben in die Hand, Entscheide für dich. Lasse dich nicht von alten Gewohnheiten leiten, sondern sei dein eigener Boss!

Achtsamkeitsübung

8

Bei dieser Achtsamkeitsübung sollst du ganz langsam essen. Das nächste Mal, wenn du essen willst, bereite dir das Essen vor und setzt dich mit dem Essen an einen stillen Ort. Anstatt wie sonst sofort zu essen, wirst du dieses Mal langsam einen Biss machen. Kaue so lange, wie du kannst. Nach dem ersten Biss machst du dreißig Sekunden Pause und schaust dich dabei einfach um. Mache den nächsten Biss, bei dem du wieder langsam und kontrolliert kaust. Mache danach wieder eine Pause von dreißig Sekunden.
Wiederhole es mehrfach.
Rede am besten gar nicht bei dieser Übung und konzentriere dich einfach nur auf dich.
Was spürst du?
Gib deinem Hunger nicht nach und nimm das Essen langsam und bewusst – wie oben erklärt – ein. Du wirst sehen, dass dein Körper mit dem Prozess des Essens viel verbundener ist. Viele erkennen beim ersten Mal, wie der Hunger sie dazu verleitet hat,

viel auf ihren Teller zu machen. Letztlich konnten sie aber nur wenig davon essen. Wenn wir Hunger haben, konsumieren wir nicht bewusst. Dadurch essen wir meist mehr, als unser Körper überhaupt braucht.

„Das Glück liegt in uns, nicht in den Dingen.“

Die zwei Akrobaten

Eine Geschichte über Selbstliebe und Achtsamkeit

Einst lebten zwei Akrobaten, die versuchten zusammen Geld auf der Straße zu verdienen. Der eine Akrobat war ein alter Lehrer, arm und verwitwet. Der andere Akrobat war eine junge Frau mit dem Namen Meda.

Ihr einziges Ziel war es, durch die Auftritte auf der Straße genug Geld zum Überleben einzusammeln. Also traten sie jeden Tag aufs Neue auf.

Der Auftritt war kein leichter. Im Gegenteil, er war so schwer, dass er die vollkommene Konzentration beider erforderte.

Der Lehrer balancierte einen langen Bambusstock auf seinem Kopf. Dann kletterte die junge Frau an diesem Bambusstock langsam ganz nach oben.

Dort blieb sie dann, während der Lehrer den Bambusstock balancierend überall herumlief.

Beide mussten dabei sehr konzentriert bleiben, um jegliche Verletzung zu verhindern. Deswegen konnten sie ihren

Auftritt immer ohne große Probleme beenden.

Einst sagte der Lehrer dem Mädchen:

„Hör mir zu, Meda! Wir müssen auf uns gegenseitig aufpassen. Wenn du auf mich achtest und ich auf dich, dann werden wir es schaffen. So können wir vollkommen konzentriert arbeiten und unnötige Verletzungen verhindern.“

Aber die junge Frau war weise und sagte:

„Lieber Lehrer, ich denke nicht, dass das eine gute Idee ist. Es ist sicherlich besser, wenn wir beide nur auf uns selbst achten. So kann uns nichts passieren. Denn auf uns selbst zu. achten, bedeutet, dass wir aufeinander achten. So werden wir bestimmt keine Unfälle haben.“

Nur wenn wir selber in voller Achtsamkeit für uns leben, haben wir die Möglichkeit, auch auf andere zu achten. Diese Geschichte entstammt zwar nicht dem Zen-Buddhismus, aber die Legende besagt, dass Buddha sie einst selbst erzählt hat.

Der alte Lehrer möchte seiner Partnerin vermitteln, dass sie aufeinander aufpassen müssen, um bei der anspruchsvollen Akrobatik-Übung keine Verletzungen zu erleiden. Die junge Akrobatin Meda, erkennt jedoch den Weg der Achtsamkeit und erklärt so dem Lehrer, dass der einzige Weg aufeinander aufzupassen darin besteht, dass sie beide in Achtsamkeit leben und auf sich selbst achten. Was im ersten Moment vielleicht als widersprüchlich zu verstehen ist, ist in Wahrheit der einzig richtige Weg. Denn nur wer auf sich selbst achtet und sein Leben achtsam gestaltet, kann auch sein Umfeld positiv beeinflussen und auf seine Mitmenschen achten.

Mit Achtsamkeit meint Buddha, dass man seinen eigenen Geist und Körper pflegen und respektieren soll. Nur wenn es uns selbst gut geht und wir inneren Frieden und Glück finden, können wir andere auch daran teilhaben lassen. Wenn wir nicht in voller Achtsamkeit leben und damit uns selbst und unser Glück vernachlässigen, haben wir auch nichts, das wir weitergeben können.

In der Geschichte bedeutet dies also, dass die junge Akrobatin auf ihren Körper und ihren Geist achtet und damit auch ihren Partner vor Unheil schützt. Denn nur so kann sie die Übung erfolgreich und fehlerfrei durchführen und keine Unfälle verursachen. Damit achtet sie also auch auf den alten Lehrer. Oder wie es in der Geschichte heißt: „Denn auf uns selbst zu achten, bedeutet, dass wir auf aufeinander achten."

Wenn du deine Umwelt positiv beeinflussen möchtest und auf deine Mitmenschen achten möchtest, solltest du zuerst bei dir selbst beginnen. Nur wenn du dein Leben achtsam gestaltest und deine Geist und Körper entsprechend pflegst und respektierst, hast du die Ressourcen auf andere zu achten.

Stelle dich selbst und dein Glück immer an erste Stelle. Das ist keineswegs egoistisch, sondern eine Grundvoraussetzung, um auch deinem Umfeld Glück du positive Energie zu vermitteln.

„Gib es auf zu gewinnen – und finde das Glück.“

Zeit

zu

Eine Geschichte über Glück im Moment und Loslassen

sterben

Es existierte einst ein Zen-Meister namens Ikkyu. Schon als kleiner Junge war er bekannt für seinen klugen Kopf.

Eines Tages besuchte Ikkyu seinen Lehrer. Dieser besaß eine schöne und sehr besondere Teetasse, eine seltene Antiquität. Ikkyu zerbrach die Teetasse durch seine Unvorsichtigkeit, was ihn sehr verblüffte.

Als er hörte, dass sein Lehrer bereits auf dem Weg zu ihm war, nahm er die zerbrochenen Teile der Tasse in die Hand und versteckte sie hinter seinem Rücken. Als der Lehrer sodann vor ihm stand, fragte Ikkyu seinen Lehrer:

„Warum müssen Menschen sterben?"

„Das ist der normale Werdegang. Es ist vollkommen natürlich", antwortete der alte Lehrer ihm, „alles stirbt irgendwann. Auf der Erde kann man nur für eine bestimmte Zeit leben."

Ikkyu brachte die zerbrochenen Teile hinter seinem Rücken hervor und sagte:

„Es war Zeit für deine Teetasse zu sterben."

Nichts ist für die Ewigkeit, daher sollten wir unser Glück nicht von anderen Menschen oder Gegenständen abhängig machen. Die Geschichte vom Zen-Meister Ikkyu soll uns zeigen, dass alles irgendwann stirbt und der Verlust ein völlig natürlicher Bestandteil unseres Lebens ist. Daher sollten wir lernen loszulassen und uns nicht an Dingen und Erinnerungen festklammern. Nur so können wir im Jetzt glücklich sein und inneren Frieden finden.

Ikkyu zerstört durch einen Unfall die wertvolle Teetasse seines Lehrers. Um seinem Lehrer zu zeigen, dass dessen Wut darüber nicht richtig ist, lockt Ikkyu den Lehrer mit dessen eigenen Worten. So erkennt auch der Lehrer, dass es der „normale Werdegang" ist, dass auch die Teetasse eines Tages stirbt. Denn nach seiner eigenen Auffassung kann man auf der

Erde „nur für eine bestimmte Zeit sein". Da Ikkyu sich bewusst ist, dass er die Teetasse nicht absichtlich zerstört hat, ist für ihn daher klar, dass es das Schicksal der Tasse war zu sterben und ihre Zeit auf dieser Erde abgelaufen war. Wenn wir es schaffen, die Dinge aus dieser Perspektive zu betrachten, eröffnen wir uns den Weg zum Glück. Denn so schaffen wir es auch geliebtes loszulassen und unseren Geist davon zu befreien.

Die Geschichte soll uns aber auch die eigene Vergänglichkeit vor Augen führen. Unsere Zeit auf Erden ist begrenzt und daher sollten wir diese nicht damit verschwenden, an materiellen Gütern festzuhalten und Dingen nachzutrauern, die wir nicht loslassen konnten. Nur wer loslässt, öffnet sich und kann das Glück im Jetzt finden.

Ein Verlust ist immer schmerzhaft und deine Trauer ist ein wichtiger Teil der Verarbeitung. Du solltest dich jedoch darin üben, loszulassen und die Trauer über den

Verlust abzulegen. So kannst du deinen Weg zum Glück finden und du öffnest dich für das was kommt. Lasse deinen Geist nicht von negativen Emotionen leiten, sondern befreie dich von ihnen und genieße das Leben. Denn deine Zeit auf Erden ist begrenzt und du solltest jeden Moment bestmöglich auskosten.

„Wenn du ein Problem hast, versuche es zu lösen. Kannst du es nicht lösen, dann mache kein Problem daraus.“

Nachwort

Möglicherweise sind nicht alle Geschichten direkt verständlich oder einleuchtend. Allerdings enthalten sie alle machtvolle Bedeutungen und Aussagen, die wir nur erkennen müssen. Es sind nicht nur einfache Geschichten, sondern buddhistische Weisheiten, die in das Gewand einer Geschichte gehüllt wurden.

Diese Geschichten haben eine lange Tradition und lassen sich darauf zurückführen, dass die weisen Mönche ihre Lehren und Weisheiten den Schülern damals nicht einfach aufsagen wollten. Durch die Geschichten konnten ihre Schüler die Botschaften und Weisheiten selber herausfinden und lernten so die Weisheiten besser zu verinnerlichen.

Was du als Leser am Ende aus den Geschichten ziehst, ist dir überlassen. Aber das Entscheidende ist, dass die Weisheiten des Buddhismus dein Leben verändern und verbessern können, wenn du bereit bist, diese anzunehmen und in dein Leben zu integrieren. Wenn ich gefragt werde, welche Weisheiten und Erkenntnisse aus diesen Geschichten die wichtigsten für jeden von uns sind, würde ich drei Erkenntnisse nennen. Natürlich sind diese miteinander verbunden und beeinflussen einander. Versucht man, sich die Botschaft und Bedeutung der einen Lektion zu Herzen zu nehmen, erschließt sich auch automatisch ein Teil der anderen beiden Lektionen. Wie in allen Bereichen unseres Lebens ist am Ende alles miteinander verbunden und das ist gut so! Denn alles ist gut so wie es gerade ist.

1. Lerne loszulassen

Lerne loszulassen. Das klingt so einfach. Und doch ist es wahrscheinlich eines der schwierigsten Dinge, die du als Mensch lernen musst.

Du kannst nur frei und offen sein, wenn du loslässt. Vollkommen loszulassen erlaubt es dem Menschen eine gewisse Zufriedenheit und Glück zu erlangen, was sein Leben verändern wird.

Es geht hierbei vor allem darum, deine negativen Gefühle loszulassen. Wichtig ist es, sich immer wieder bewusst zu machen, dass es alles gut ist, so wie es ist. Halte nicht an negativen Gefühlen fest. Bedeutsam ist auch, die Vergangenheit und die Zukunft loszulassen.

Die meisten Menschen leben in der Vergangenheit und für die Zukunft. Selten leben wir einfach im Moment. Der Blick des Menschen ist immer auf die Zukunft gerichtet. Und das wird uns auf lange Sicht eindeutig zum Nachteil. Wenn man die Zukunft von gestern im Heute erreicht hat, vergessen wir den Moment zu genießen, das Glück zu spüren. Stattdessen streben wir wieder nach dem neuen Morgen, der Zukunft. So können wir keinen Zustand von Zufriedenheit und Glück erreichen.

Die Zukunft und all die vergangenen Lasten und Erinnerungen, egal ob gute oder schlechte, loszulassen, ermöglicht es dir, im Moment zu leben und im Hier und Jetzt glücklich zu sein. Das heißt nicht, dass du alle Ambitionen und Vorstellungen an die Zukunft ablegen sollst. Aber es bedeutet, dass du öfter im Hier und Jetzt leben und das Glück des Moments genießen solltest.

Wenn dir also etwas Schlimmes passiert oder in der Vergangenheit bereits passiert ist, dann versuche es loszulassen! Entscheide dich bewusst, das Erlebte als Teil deiner Vergangenheit ruhen zu lassen. Denn das Geschehene ist bereits geschehen.

Wie kann ich loslassen?

Setz dich aufrecht hin. Nimm wahr, wie sich dein Körper bewegt, wenn er atmet. Konzentriere dich nur auf deinen Körper in diesem Moment. Wie fühlt er sich an?

Schau dich um! Was siehst du? Deine Wohnung, die Natur? Bewundere es und mache dir bewusst, wie gut in diesem Moment alles ist.

Denk an all die Dinge, die dich ab und zu oder vielleicht sogar oft traurig machen. Verbildliche diese Dinge und Situationen und treffe für dich die Entscheidung, sie in der Vergangenheit zu lassen, sie endgültig loszulassen.

2. Alles ist gut, so wie es ist

Jedem von uns widerfahren immer wieder schlechte Dinge. So ist nun mal leider der Lauf des Lebens. Die entscheidende Frage ist letztlich aber: Sind diese Dinge am Ende wirklich schlecht? Oder erlaubt dir deine Perspektive auf diese Probleme einfach nicht das Große und Ganze zu sehen und zu erkennen?

Als ich jung war, hatte ich viele Probleme mit meiner Familie. Ich lebte zwar mein Leben lang in Deutschland, aber einst verbrachte ich ein Jahr in Sri Lanka.

Es stellte sich heraus, dass es das schlimmste Jahr für mich werden sollte. Auch wenn ich rückblickend niemals wollte, dass es sich je wiederholt, hat es zu etwas unglaublich Gutem geführt.

Als ich wieder nach Deutschland zurückkam, musste ich die Klasse wechseln. Dadurch lernte ich die Liebe meines Lebens kennen,

mit der ich bis heute glücklich verbunden bin.
Mein Leben ist gut, genauso wie es ist. Sobald man den Lauf des Lebens akzeptiert und das Geschehene in der Vergangenheit lässt, sind wir frei von Ballast und es geht uns besser.
Das heißt nicht, dass man Schlechtes einfach zulassen und nicht bekämpfen sollte. Sondern es bedeutet vielmehr, dass man nicht an schlechten Erinnerungen, Wut und Trauer festhalten sollte. Gib dir den Freiraum, den du brauchst, um alles Erlebte zu fühlen und die Gefühle zu verarbeiten. Aber erlaube dir in gleicher Weise auch diese Erlebnisse und Gefühle danach zu „entsorgen". Vergebe und akzeptiere, aber vergesse nicht. Stattdessen erinnere dich daran, dass alles gut ist, wie es gerade ist.

3. Urteile nicht und akzeptiere jeden

Andere zu bewerten und zu beurteilen, scheint in unserer Gesellschaft normaler gelebter Alltag zu sein. Auch wenn wir es nicht bewusst steuern und wollen, so tun wir es doch unterbewusst und automatisch.

Allerdings kann keiner daraus etwas Positives ziehen, weder die Person, die urteilt, noch die Person, die verurteilt wird.

Daher ist es für unser persönliches Glück und unseren inneren Frieden wichtig, sich von diesen Automatismen zu lösen. Versuche nicht über andere zu urteilen und übe dich in Nächstenliebe, um deine Mitmenschen zu akzeptieren und zu respektieren. Wenn das jeder von uns machen würde, würden wir bereits in einer sehr freien, offenen und glücklichen Gesellschaft leben.

Versuche, dich im Alltag immer wieder bewusst an diese drei Lektionen zu erinnern.
Wenn du gerade wütend bist, weil deine Geschwister etwas kaputt gemacht haben, erinnere dich daran, dass es nicht wichtig ist. Es fühlt sich nur so schlimm an, weil du an dieser Sache noch festhältst. Du musst versuchen loszulassen. Nichts ist für die Ewigkeit. Es war eben an der Zeit, für diese Sache zu gehen.
Wenn du mal einen Streit mit deinem Partner hattest und du immer daran denken musst, was dein Partner falsch gemacht hat, erinnere dich daran loszulassen. Vergangenes soll Vergangenes bleiben. Es sollte niemals in die Gegenwart gebracht werden. Lerne zu vergeben und zu akzeptieren und lebe im Moment!

„Es gibt eine Vollkommenheit tief inmitten allem Unzulänglichen. Es gibt eine Stille, tief inmitten aller Ratlosigkeit. Es gibt ein Ziel, tief inmitten aller weltlichen Sorgen und Nöte."

Mit unglaublich
viel Liebe
geschrieben.

Ich hoffe, du bist nun
einen Schritt näher an
Glück, Zufriedenheit
und Freiheit!